NUESTRAS VOCES
PERSONAJES HISPANOS Y LATINOS DE LA HISTORIA ESTADOUNIDENSE™

SYLVIA MÉNDEZ

ACTIVISTA DE DERECHOS CIVILES

PHILIP WOLNY

TRADUCIDO POR CHRISTINA GREEN

rosen publishing's
rosen central®

New York

Published in 2020 by The Rosen Publishing Group, Inc.
29 East 21st Street, New York, NY 10010

Cataloging-in-Publication Data

Names: Wolny, Philip, author.
Title: Sylvia Méndez : activista de derechos civiles / Philip Wolny, translated by Christina Green.
Description: First edition. | New York : Rosen Central, 2020. | Series: Nuestras voces: personajes hispanos y latinos de la historia estadounidense | Audience: Grades 5–8. | Includes bibliographical references and index.
Identifiers: ISBN 9781508185352 (library bound) | ISBN 9781508185345 (pbk.)
Subjects: LCSH: Mendez, Sylvia, 1936—Childhood and youth—Juvenile literature. | School integration—United States—Juvenile literature. | Puerto Rican women—California—Biography—Juvenile literature. | Hispanic Americans—Education—Juvenile literature. | Hispanic Americans—Civil rights—Juvenile literature. | Civil rights movements—United States—History—20th century—Juvenile literature.
Classification: LCC LC214.2 W65 2019 | DDC 379.2'63 [B]—dc23

Manufactured in the United States of America

Nuestra portada: Sylvia Méndez, activista contra la segregación, en la Casa Blanca en 2011, a punto de recibir una condecoración del presidente Barack Obama.

CONTENIDO

INTRODUCCIÓN

Se sentía un ambiente de fiesta, aquel 15 de febrero de 2011, en la Sala Este de la Casa Blanca, en Washington D. C. Era la entrega anual de la Medalla Presidencial de la Libertad, el honor más alto que puede otorgar el Gobierno de Estados Unidos a un civil por hacer algo importante o notable para la sociedad. Ese año, el presidente Barack Obama entregó la medalla a figuras como el violonchelista Yo-Yo Ma, la escritora Maya Angelou y muchos otros. Entre ellos se encontraba Sylvia Méndez.

Nadie se sentía más feliz que ella de estar presente en aquella ceremonia. Sylvia Méndez había sido enfermera, administradora de hospitales y es, aún hoy, activista por los derechos civiles. A pesar del enorme aporte de Sylvia y su familia para hacer de Estados Unidos una sociedad más justa e igualitaria, durante muchas décadas los Méndez no habían recibido el debido reconocimiento por su activismo y sus logros.

En los años 40, en California, la familia Méndez estuvo al frente de una de las primeras campañas que ayudaron a acabar con la segregación en las escuelas de Estados Unidos. El 15 de febrero de 2011, durante una entrevista con Fermín Leal, Méndez describió, con lágrimas en los ojos, el momento en que el presidente Obama le colocó la medalla: "De niña, nunca imaginé, mientras luchaba contra la segregación, que un día recibiría del presidente este inmenso honor".

Por fortuna, esa ha sido una de muchas oportunidades que Sylvia no ha desaprovechado. Sylvia Méndez ha logrado, a través de años de activismo, dar a conocer la historia de la lucha que sostuvo su familia, junto con muchas otras, hace ya varias décadas para lograr la integración de los niños mexicano-estadounidenses

El presidente Barack Obama otorga a Sylvia Méndez la Medalla Presidencial de la Libertad de 2010, el 15 de febrero de 2011.

y otros niños de color en las escuelas donde solo se permitían niños blancos.

Este caso federal, conocido como *Méndez contra Westminster*, culminó con una histórica decisión en 1947. Sin embargo, durante años, mucha gente no había oído sobre el caso, aunque sí sobre otros que se hicieron más célebres, como el de *Brown contra la Junta Educativa* —un caso que culminó en 1954 con una decisión que declaró inconstitucional la segregación entre negros y blancos en instituciones escolares—. Pero el caso *Méndez* sentó un precedente sumamente importante porque abrió paso al éxito del caso *Brown* y a muchos otros que ayudaron a abolir las leyes de Estados Unidos que promovían la segregación en las escuelas, en servicios públicos (como los baños) y en muchos establecimientos públicos (como los restaurantes y los hoteles).

Sylvia Méndez tenía apenas nueve años cuando ella y sus padres entraron en la historia de Estados Unidos. Aún hoy, a sus más de 80 años, Méndez sigue hablando sobre el caso y su significado. Tampoco se ha cansado de difundir su mensaje de tolerancia ni de informar sobre la lucha por los derechos civiles, no solamente de los latinos, sino de todos por igual. La historia de sus primeros años, en el centro de esa lucha por la igualdad de derechos, así como sus recientes esfuerzos para dejarnos su testimonio por escrito, servirán para recordar a cada lector lo importantes que son historias como esta y cuánto nos hacen falta, en esta era moderna, voces de lucha como la de Sylvia Méndez.

CAPÍTULO UNO

INFANCIA Y JUVENTUD DE UNA ACTIVISTA DE DERECHOS CIVILES

En los años 30, Estados Unidos era un lugar muy diferente al que es hoy. Cuando se menciona la palabra "segregación", muchos piensan inmediatamente en estados del sur, como Misisipi, Alabama y Georgia. Pero, en realidad, la segregación existía en la mayoría de los estados y contradiferentes grupos étnicos. En estados como Luisiana, el uso de muchos servicios públicos, como baños y bebederos, estaban separados para blancos y negros, pero también había escuelas separadas para latinos, filipinos y otras etnias asiáticas en muchas partes del sur de California.

Durante la época colonial americana, California y gran parte del suroeste de lo que hoy es Estados Unidos pertenecía a España. Después de 1821, México ganó su independencia de España. En aquel entonces, además de su territorio actual, también poseía la mayor parte de lo que hoy son Texas, Nuevo México, Colorado, Utah y California. Los hablantes de español precedieron, por muchos años, a los hablantes de inglés en estas áreas. Después que estos territorios pasaron a Estados Unidos, tras la guerra contra México, muchos estadounidenses se establecieron en el Oeste. Fue solo entonces cuando en muchos de estos estados las personas de color pasaron a ser ciudadanos de segunda clase.

A partir de 1850, todo mexicano-estadounidense nacido en California era técnicamente ciudadano de Estados Unidos.

A ellos se les sumarían muchos otros que venían a Estados Unidos como inmigrantes. Según la Oficina de Preservación Histórica de California: "Durante la segunda parte del siglo XIX, los mexicano-estadounidenses perdieron tierras, estatus y poder en toda California... y fueron rápidamente superados en número por una multitud de migrantes (en su mayoría blancos) procedentes del medio oeste y de la costa este de Estados Unidos".

Una campesina recoge tomates en el valle de Santa Clara, noviembre de 1938. En aquella época el trabajo itinerante en los campos era muy común entre los latinos de Estados Unidos, tanto para quienes habían nacido allí como para quienes llegaban de fuera.

LA FAMILIA MÉNDEZ

Nacida en 1916, Felicitas Gómez era originaria de Juncos, Puerto Rico y, por lo tanto, ciudadana de Estados Unidos. Su familia se había mudado a Arizona, donde encontraron gran discriminación por su origen latino. En 1928, cuando Felicitas tenía 12 años, su familia se volvió a mudar, esta vez al sur de California, donde el trato no fue mucho mejor. Al igual que muchos inmigrantes, trabajaban en los campos recogiendo las cosechas; y se enfrentaron a muchos prejuicios.

Felicitas se casó con Gonzalo Méndez, quien había pasado gran parte de su vida en Westminster, una ciudad del condado de Orange, al sur de Los Ángeles. Gonzalo había nacido en México y era ciudadano naturalizado de Estados Unidos. Pero a pesar de esto, fue víctima de la discriminación de empleadores, representantes del Gobierno, en sus interacciones con la policía y en muchos otros aspectos de la vida pública.

En 1936, los recién casados dieron la bienvenida a su hija Sylvia. En Santa Ana, la familia abrió, con éxito, su propio café llamado La Prieta. Sin embargo, el sueño de Gonzalo era tener su propia granja. Había crecido muy cerca de la escuela donde iba de niño, aunque apenas logró llegar a quinto grado. La situación financiera de su familia lo obligó a dejar la escuela e ir a los campos a trabajar. Años después, Gonzalo prometió a su familia que un día sería dueño de su propia granja.

DE VUELTA A LAS TIERRAS

Estados Unidos se había mantenido al margen de la Segunda Guerra Mundial hasta que Japón bombardeó Pearl Harbor, Hawái, el 7 de diciembre de 1941. En aquellos tiempos, se sentía en Estados Unidos una enorme desconfianza contra los japoneses.

Esta foto muestra una familia estadounidense-japonesa empacando sus cosas para irse a un campo de internamiento, bajo la mirada vigilante de personal militar estadounidense. La familia Munemitsu fue enviada a un campo de internación en Arizona, en los años 40.

En febrero de 1942, el presidente Franklin Delano Roosevelt firmó un decreto, ordenando la expulsión de sus hogares de todos los estadounidenses de origen japonés que vivían en la costa oeste y su traslado inmediato a campos de internamiento temporal.

Este vergonzoso episodio de la historia de Estados Unidos fue crucial para la familia Méndez. Los Munemitsu eran una familia japonesa que residía en Westminster. Cuando fueron enviados a un campo de prisioneros en Poston, Arizona, Gonzalo Méndez

UNA AMISTAD DURADERA

Las familias Méndez y Munemitsu fueron mucho más que simples socios de negocios en momentos difíciles. En el episodio de mayo de 2017 del podcast "Deeper Learning" del Departamento de Educación del condado de Orange (OCDE), Sylvia Méndez se sentó a conversar con Aki Munemitsu, una de las hijas de la familia.

Mientras Seima Munemitsu y su esposa dirigían la granja, el Gobierno aprobó una ley que prohibía a los inmigrantes japoneses de primera generación poseer tierras. Fue entonces cuando su hijo Tad (hermano de Aki Munemitsu), que tenía apenas doce años de edad, compró la granja. Era el único miembro de la familia a quien se permitía legalmente poseerla por ser ciudadano estadounidense nacido en territorio de EE. UU.

En 1941, Aki y su hermana gemela tenían apenas seis años y Sylvia cinco. "Jugábamos mucho", dijo Aki a OCDE, "nos divertíamos un montón". Sylvia disfrutó mucho de los detalles típicos japoneses que la familia de su amigo había construido, incluyendo un baño caliente tradicional japonés y los elementos habituales de la vida de granja que gustaban mucho a los niños, como los animales. Méndez contó a OCDE: "Tenían varios cerdos. Recuerdo que tenían uno negro y uno blanco, tenían también gallinas y un caballo. Recuerdo que en un granero tenían un búho hermoso y enorme... por las noches nos metíamos ahí a tratar de verlo o escucharlo".

(continúa en la siguiente página)

(viene de la página anterior)

La autora Winifred Conkling se entusiasmó tanto con esta historia de amistad de décadas, que escribió un libro dirigido a adolescentes de la escuela de enseñanza media llamado "Sylvia & Aki", que cuenta las experiencias de estas dos jóvenes y su conexión personal y, a fin de cuentas, histórica. Su libro ha sido utilizado en escuelas de todos los Estados Unidos para mostrar cómo podemos apoyarnos los unos a los otros para hacer frente al racismo y a los prejuicios.

arrendó su próspera granja de espárragos de 40 acres (16.18 hectáreas). Al fin Gonzalo estaba dirigiendo su granja, aunque lamentaba que fuera como resultado de tales circunstancias.

A LA ESCUELA

La segregación escolar era algo normal, parte de la vida en California, en los años treinta y cuarenta. En Westminster y otras ciudades del condado de Orange (como Santa Ana, Garden Grove y El Modena), los estudiantes estadounidenses de origen mexicano, quienes habían nacido en México, y los latinos en general, iban a sus propias escuelas. Sylvia y sus hermanos, Gonzalo Méndez Jr. y Gerónimo Méndez, asistían a una de las dos únicas escuelas que había en su ciudad, la Escuela Primaria Hoover. La otra escuela en Westminster, la Primaria de la Calle 17, era "solo para blancos".

En un evento organizado por la cadena C-Span, Sylvia contó cómo era su escuela: "La Primaria Hoover quedaba al lado de una granja lechera. Los estudiantes tenían que mantenerse alejados de una cerca eléctrica que separaba el patio de la escuela de la granja, o corrían el riesgo de ser electrocutados. En 2011 le contó a Damarys Ocaña Pérez, de la revista *Latina*:

"La escuela estaba rodeada de tierra. Al lado, había una granja donde tenían vacas. Un día, una de las niñas de la escuela estaba jugando con una pelota y esta rodó hacia la cerca, que estaba electrificada. La niña se quedó atorada en la cerca, la agarró y no la podía soltar, solo se sacudía. El maestro tuvo que ir a decirle al granjero que la apagara".

No había parque infantil, la escuela era un solo edificio de tablas con apenas dos salones. También le contó a Lesli A. Maxwell de la revista *Education Week*: "Todos los niños íbamos a la escuela en el mismo autobús. Nos dejaban frente a la escuela de los blancos, con su césped bien cuidado, con palmeras, con un hermoso parque infantil con columpios en el frente, y desde allí teníamos que caminar hasta la escuela mexicana".

La escuela mexicana había sido diseñada para preparar a los niños para trabajos manuales y de servicio. En lugar de contenido académico,

Esta foto muestra una calle de Brawley, California, en 1936, donde las viviendas no eran más que chozas, en su mayoría habitadas por trabajadores del campo mexicanos, como las familias de muchos estudiantes de Hoover. La segregación estaba asociada por lo general a malas condiciones de vida.

se les enseñaba a hacer tareas de limpieza, costura y otras labores manuales. En una entrevista con Erin Lashway, para el blog *826LA*, Sylvia contó cómo en la escuela les enseñaban solo por la mañana: "Salíamos de la escuela al mediodía y de allí íbamos a trabajar en el campo. En Santa Ana, teníamos huertos de naranjos y nueces, y los estudiantes recogíamos naranjas o lo que fuera. Todo funcionaba de esa manera, y así nos tenían".

Los padres de muchos estudiantes de Hoover también trabajaban en los campos. A diferencia de la familia Méndez, estas familias vivían en *colonias*, que eran áreas de latinos que solían estar completamente segregadas de las áreas donde vivían los blancos. Los libros de texto que usaban los estudiantes de Hoover estaban por lo general muy deteriorados, la mayoría de ellos eran donaciones de otras escuelas, o estaban completamente obsoletos.

Además, no se permitía que los niños mexicanos fueran a las escuelas blancas porque supuestamente no hablaban inglés lo suficientemente bien. A ningún niño, en la Escuela Hoover, sin importar si era hablante de inglés o de español, se le permitía hablar en español. Los niños que fueran descubiertos violando esta norma, como castigo, recibían golpes en la mano con una regla.

CAPÍTULO DOS

HACIENDO FRENTE A LA SEGREGACIÓN

Las cosas iban muy bien financieramente para la familia Méndez, en 1943. Empleaban a hasta treinta trabajadores en la granja durante la temporada de cultivo. El arrendamiento de la granja Munemitsu los había convertido en una de las familias latinas más prósperas de la ciudad. Pero no se sentían felices con las condiciones de la escuela a la que iban sus hijos. Por ello, decidieron inscribirlos en la Escuela Primaria de la Calle 17, para que Sylvia y sus hermanos tuvieran un mejor ambiente de aprendizaje.

LA GOTA QUE DERRAMÓ EL VASO

Al año siguiente, cuando Sylvia tenía ocho años, su tía Soledad Vidaurri (la hermana de su padre) llevó a Sylvia, a sus hermanos y a sus propias hijas, Alice y Virginia, a inscribirlos en la Primaria de la Calle 17, para el año escolar 1944-1945. Sylvia y sus hermanos compartían los mismos rasgos físicos: cabello y ojos oscuros y piel morena. Alice y Virginia, en cambio, tenían ojos café claro, cabello y piel clara. A pesar de que las hijas de Vidaurri eran también de ascendencia mexicana, tenían nombres en inglés y su apellido provenía de un antepasado francés.

Un administrador de la escuela vio a los niños y le dijo a Vidaurri que podía inscribir a sus hijas allí, ellas encajarían bien, y dijo incluso que, si alguien preguntaba, "dijeran que eran belgas". Sylvia y los otros niños Méndez, sin embargo, tendrían que ir a inscribirse en la Escuela Hoover.

Vidaurri se enojó mucho con esta propuesta y se llevó a todos los niños de regreso a a casa. Si ellos no querían que los hijos de su hermano fueran a esa escuela, entonces sus hijas tampoco irían. El padre de Sylvia estaba muy molesto. Gonzalo y su madre se consideraban tan estadounidenses como mexicano y puertorriqueña.

Este salón integrado muestra estudiantes blancos, negros y latinos recibiendo clases juntos. En 1944, la familia Méndez no encontró un aula tan acogedora para Sylvia y sus hermanos.

Siendo incluso exitosos granjeros y terratenientes, se les negaba servicio en los restaurantes del área, donde a menudo les decían: "Aquí no se permiten mexicanos". Cuando se les permitía entrar, solo podían sentarse después de esperar mucho tiempo, y se les atendía después de que los clientes blancos hubieran terminado. Se habían acostumbrado a tragarse el orgullo y evitar situaciones como estas. Pero la negativa de la escuela de inscribir a sus hijos fue, para la familia Méndez, la gota que derramó el vaso.

En Lancaster, Ohio, alrededor de 1938, un restaurante anuncia que "Solo se sirve a clientes blancos". Los clientes que no eran blancos no eran bienvenidos, y esto incluía a familias exitosas como los Méndez.

EJERCEN PRESIÓN

Gonzalo Méndez fue a visitar la escuela y preguntar si podían cambiar de opinión. Él mismo había asistido a la Escuela de la Calle 17 en 1919, muchos años antes de que la segregación fuera promulgada oficialmente. Pero los funcionarios escolares se mantuvieron firmes. Habló con casi todo el personal de la escuela, incluyendo el director y miembros de la Junta Escolar. El padre, preocupado, llevó el caso hasta el Distrito Escolar.

Para entonces, la familia Méndez había empezado a hablar con otras familias de la comunidad. Los Méndez no eran los únicos latinos en el condado de Orange a quienes no les gustaba la segregación en las escuelas. Reunió firmas de muchas personas que apoyaban la causa. En septiembre de 1944, después de entregar una petición firmada, la Junta les respondió con una interesante solución.

El superintendente de la escuela ofreció hacer una excepción y aceptar a los niños Méndez. Pero Gonzalo no estaba dispuesto a vender a los demás por su propio beneficio. Sabía que otros estudiantes de minorías continuarían sufriendo la injusticia de la segregación mucho después de que sus propios hijos terminaran la escuela. Gonzalo rechazó de inmediato esta oferta de trato especial. Si Sylvia y sus hermanos podían asistir a las mejores escuelas con los niños blancos, entonces todos los niños latinos en su área deberían hacerlo también. ¿Y por qué no también todos los demás niños del condado de Orange?, ¿o de toda California?

FORMAN UN EQUIPO

Los padres de Sylvia supieron de un abogado que se estaba dando a conocer como defensor por los derechos latinos en California. David Marcus era un abogado litigante judío en Los Ángeles. Estaba casado con una mexicana, en un momento en que los matrimonios mixtos no eran tan aceptados como hoy. Los Méndez habían oído sobre un caso que Marcus había defendido sobre la segregación en piscinas públicas y otras instalaciones públicas en San Bernardino, ciudad que quedaba a una hora y media de camino al noreste de Westminster. En *López contra Seccombe*, David Marcus había ganado una decisión que prohibía a la ciudad impedir a los latinos entrar en las piscinas públicas los días que iban los blancos a nadar.

La familia Méndez contactó a Marcus. Pero necesitaban que otras personas los ayudaran participando como miembros del litigio, o demandantes conjuntos. Sus historias y su interés por lograr que sus hijos reciban una mejor educación les motivarían y ayudarían a que el caso tuviera mucho más éxito que si fuera solo la familia Méndez la que se enfrentase a la escuela y los burócratas locales.

Corriendo la voz, y conduciendo por todo el condado para poder reunirse con tanta gente como pudieran, Gonzalo logró reclutar a varias familias para que le prestaran su apoyo. Entre estas familias estaban la de Lorenza Ramírez, de la ciudad de Orange; Frank Palomino, de Garden Grove; y Thomas Estrada y William Guzmán, ambos de Santa Ana. Si lograban sumar más demandantes a la causa, habría más pruebas que presentar ante el tribunal sobre la inferioridad y la injusticia en las escuelas segregadas. Los demandantes adicionales podrían ayudar iniciando demandas en varios distritos escolares al mismo tiempo. Marcus creía que una gran victoria no solamente podría ayudar a acabar

Josefina Ramírez (*a la derecha*) fue una de las demandantes más destacadas en el caso *Méndez*. En esta foto recibe flores de su hija, Phyllis Ramírez Zepeda, en la conmemoración del sexagésimo aniversario del caso.

con la segregación en el condado de Orange, sino que podría influir también sobre otros condados, lo que incluiría a otros potenciales demandantes y funcionarios electos de toda California.

Años más tarde, Sylvia Méndez reconocería el gran riesgo que habían asumido quienes se enfrentaron a la segregación en aquella

A LA CAZA DE TESTIGOS

Si querían tener éxito, los Méndez tendrían que convencer a muchos otros para que se unieran a esta lucha. Necesitaban testigos y mucho apoyo. Los Méndez financiaron con sus propios medios gran parte del dinero inicial para comenzar esta difícil campaña legal. Felicitas Méndez se hizo cargo del enorme trabajo que representaba administrar la granja para ayudar a su esposo, quien se tomó un año libre para prepararse para el caso. Fueron por todas las colonias del condado de Orange, tocando de puerta en puerta, tratando de convencer a los trabajadores del campo: ¿Nos ayudarían como testigos de nuestro lado en el juicio?

Pero muchos temían las repercusiones de ser testigos. Algunos, con mucha razón, temían perder su trabajo si hacían demasiado ruido. Otros temían la potencial ira o incluso la violencia de los blancos contra sus comunidades, o de la misma policía. Otros eran residentes indocumentados y temían ser deportados. Aun así, Méndez, Marcus y otros visitaron hogares, granjas y huertos de cítricos, avanzando a paso lento pero seguro. Gonzalo Méndez incluso llegó a ofrecer pagar de su bolsillo los viajes y gastos para que los testigos de bajos recursos de otras ciudades pudieran asistir al juicio.

época. Al hablar sobre sus padres, le contó a Erin Lashway en un artículo para en el blog *826LA*:

> "Se estaban enfrentando al sistema. A mi papá lo llamaban comunista y en esos momentos, en los años cuarenta, ser llamado comunista era algo horrible. A muchos los mandaban a la cárcel, a las estrellas de cine, a todo el mundo, por ser comunistas... ¡Y a él lo acusaban de comunista porque estaba luchando contra la segregación!".

ESE DÍA EN LA CORTE

Era el 2 de marzo de 1945. Con Marcus como abogado y Méndez, Estrada, Palomino y Ramírez como demandantes presentaron una "demanda colectiva" ante el Tribunal Superior del condado de Los Ángeles. Una demanda colectiva suele incluir muchos demandantes. Los demandantes principales son considerados representantes de los demás demandantes ante el tribunal, y estos otros pueden incluir cientos, miles, o incluso, en teoría, millones de personas.

La lucha de la familia Méndez y sus aliados por el respeto y la dignidad se libraría aquí, en el Tribunal Superior del condado de Los Ángeles.

Los demandados eran los distritos escolares colectivos de El Modena, Santa Ana, Garden Grove y Westminster. Los demandantes decían que se les había negado "la protección igualitaria de las leyes" al quitarles la oportunidad de inscribir a sus hijos en las mejores escuelas, a las que solo podían acudir estudiantes blancos. Se referían a las protecciones garantizadas en la Decimocuarta Enmienda de la Constitución de Estados Unidos, que se había escrito para proteger los derechos civiles de los esclavos liberados.

LUCHANDO POR ALGO

Los Méndez, y los otros demandantes, estaban a punto de librar una compleja batalla por los principios de justicia y dignidad; pero para Sylvia, que era apenas una niña, las razones detrás de aquel drama judicial eran mucho más simples. En un artículo de Caitlin Yoshiko Kandil, del 17 de abril de 2016, Méndez confesó: "Íbamos al tribunal todos los días, y escuchaba lo que estaban diciendo, pero yo solo soñaba con volver a aquella hermosa escuela". También contó en *Morning Edition*, un programa de la cadena NPR: "Recuerdo que nos llevaban al tribunal todos los días. Íbamos muy bien vestidos y allí nos sentábamos, en silencio, sin entender realmente lo que estaba pasando".

Sylvia sabía que lo mejor era no presionar demasiado a sus padres sobre el tema. Como ella misma reflexionaría años después, en la década de los 40 se esperaba que los niños obedecieran en silencio. Solo tiempo después de que se resolviera el caso, Sylvia comprendió su verdadera importancia. Probablemente fue lo mejor, pensaría ella más tarde, porque no tenía una verdadera idea de lo estresante que debió de haber sido para sus padres. Aun así, ella sabía en parte la razón por la que tanto luchaba su padre. Como explicó en el blog de Erin Lashway *826LA*: "Mi padre quería que yo recibiera una buena educación, que tuviera orgullo y que fuera una joven con buenas maneras". A pesar de no entender bien lo que estaba en juego, el juicio fue emocionante para ella y sus hermanos.

CAPÍTULO TRES

UNA VICTORIA SOBRE LA INJUSTICIA

Después de mucho trabajo y preparación, el juicio finalmente comenzó en julio de 1945. Méndez y los otros demandantes principales no eran los únicos interesados en un resultado favorable de este caso judicial. Cerca de cinco mil personas se beneficiarían de la demanda colectiva si llegaban a ganar. David Marcus, el abogado de los demandantes, se enfrentó al abogado de los distritos escolares, Joel Ogle.

AQUEL DÍA EN EL TRIBUNAL

Muchos de los argumentos de la defensa se basaban en estereotipos sobre los mexicanos y los mexicano-estadounidenses. Los acusados presentaron muchas excusas sobre por qué sus escuelas prohibían o ponían obstáculos a la aceptación de estudiantes de color. Marcus esperaba poder demostrar al tribunal que se basaban en creencias erróneas, incluyendo estereotipos racistas. Quería demostrar que los niños habían sido en gran parte segregados, según explicó Jared Wallace en la *Revista Histórica de la Universidad Chapman*, "sobre la base de sus apellidos y su apariencia". La defensa de las escuelas argumentaba que muchos estudiantes mexicanos tenían un inglés deficiente e incluso eran rechazados "debido a su falta de higiene".

A Sylvia y los otros niños, el juzgado donde sus padres libraron su batalla legal les parecía un lugar muy importante. Sin embargo, solo más tarde se dieron cuenta de la verdadera importancia del caso.

Sylvia estuvo presente en todo el juicio ya que se realizó durante sus vacaciones escolares de verano. Ella era la prueba viviente de que las ideas que presentaban las escuelas eran falsas. Cuidadosamente vestida y arreglada con su mejor ropa, Sylvia hablaba un inglés perfecto. Otra niña, de catorce años, Carol Torres, subió también al estrado y respondió a las preguntas en perfecto inglés.

El testimonio de los niños dejó en evidencia la importancia de acabar con la segregación. Sylvia, como otros jóvenes, se sentía inferior por haber sido segregada. Durante el juicio se comparó el precario estado de la Escuela Hoover con el de la Escuela de la Calle 17, moderna y ordenada. Se mostraron también las diferencias entre los contenidos que se enseñaban, y los libros y otros suministros. Todo esto era señal suficiente para los niños de que no eran valorados.

Marcus ilustró también esta idea al llevar al estrado a académicos que demostraron cómo esta segregación podría perjudicar el futuro de los niños. En un artículo para el *Daily Journal*, el juez retirado Frederick P. Aguirre señaló: "Marcus tuvo como testigo experto al Dr. Ralph Deals, jefe del Departamento de Antropología de la UCLA. Deals dijo en su testimonio que separar a los niños mexicano-estadounidenses de los niños 'blancos' dejaría una marca de inferioridad en los niños mexicano-estadounidenses y pondría una de superioridad en los niños blancos".

UNA DECISIÓN TRASCENDENTAL

Todo tipo de personas dieron su testimonio del lado de Méndez y las otras familias. David Marcus de algún modo descubrió una vieja tesis de maestría escrita por James L. Kent, el superintendente de las escuelas de Garden Grove, titulada "Segregación de escolares mexicanos en el sur de California". En ella, Kent, que era un importante testigo de la defensa, había escrito falsedades racistas, tales como que "la raza mexicana es menos resistente que la raza blanca"; decía que los mexicanos eran más propensos a las enfermedades contagiosas, y que tenían bajas destrezas académicas.

Los viejos libros de la escuela Hoover, aunque eran recursos valiosos, fueron un poderoso símbolo del poco respeto que se tenía por los niños. Usar textos desactualizados trae consecuencias perjudiciales para los estudiantes.

Sorprendentemente, Kent no hizo gran esfuerzo en negar tales opiniones cuando fue interrogado por Marcus. Hizo falta un gran esfuerzo para convencer al juez y a los espectadores del juicio de que la segregación escolar estaba arraigada en prejuicios raciales y que no era simplemente una cuestión de "opciones comunitarias".

Al final, el juez Paul McCormick, que presidió el caso, se inclinó a favor de Marcus, los Méndez y las otras familias. Emitió su decisión el 18 de febrero de 1946. La segregación de estudiantes en esas escuelas del condado de Orange era inconstitucional porque violaba la Decimocuarta Enmienda. El argumento de que

Cuando los derechos civiles y humanos están en la balanza, los jueces y las cortes ejercen un poder crucial. La decisión sin precedentes del juez Paul McCormick cambió las vidas de millones de estudiantes y sus familias.

las escuelas habían discriminado a los niños basándose en su origen étnico había ganado el juicio. McCormick también decidió que mantener a los estudiantes latinos fuera de las mejores escuelas de la comunidad perjudicaría su capacidad de aprender inglés y los valores y normas que les permitirían prosperar y sobresalir en la sociedad.

Dentro de los cinco días siguientes a la decisión, los distritos apelaron el caso; en otras palabras, se opusieron al fallo, lo que significaba que un tribunal superior tendría que confirmarlo (estar

CÓMO SE GANÓ LA APELACIÓN

La apelación del caso Méndez fue enviada al Tribunal de Apelaciones del Noveno Circuito, en San Francisco, el mismo tribunal que luego confirmaría la decisión del juez McCormick, y la decisión fue confirmada el 14 de abril de 1947. Esta decisión haría de *Méndez contra Westminster* un caso histórico que fue titular en las noticias a nivel nacional y tuvo gran repercusión sobre la legislación en California. El gobernador del estado, Earl Warren, quien luego se convertiría en juez presidente del Tribunal Supremo de Estados Unidos, tendría una función fundamental en el caso *Brown contra la Junta Educativa* que en 1954 declaró inconstitucionales las leyes estatales de segregación que afectaban a los estudiantes negros. Thurgood Marshall, quien fuera posteriormente también juez principal del Tribunal Supremo de Justicia, defendió el caso *Brown* por la Asociación Nacional para el Progreso de las Personas de Color (NAACP) y usó la decisión de *Méndez* como parte de su defensa.

Después de que el Noveno Circuito emitiera su decisión final, Warren recibió una gran presión para apoyar la aprobación de leyes de antisegregación, lo que incluiría firmar proyectos de ley que terminaran con la segregación de los asiáticos e indígenas estadounidenses en California.

Earl Warren, visto aquí en 1948, firmó medidas de desegregación inspiradas en el caso *Méndez*, así como muchas otras decisiones de desegregación posteriores como juez presidente del Tribunal Supremo de Estados Unidos.

de acuerdo con la decisión) o rechazarlo. Grupos organizados de padres mexicano-estadounidenses y miembros de la comunidad comenzaron a presionar a las escuelas involucradas en el caso, incluyendo las de Westminster. Algunas se negaron a ceder por completo, otras actuaban con demoras innecesarias, mientras que otras avanzaron muy cautelosamente con cualquier plan de integración.

A pesar de que las apelaciones de los distritos escolares apenas se abrían paso a través de los tribunales estatales, un esfuerzo organizado de muchos miembros de la comunidad mexicano-estadounidense obligó a las escuelas de Westminster a comenzar una política de integración, al menos en forma parcial. Sylvia Méndez no logró apreciar la importancia del caso cuando sus padres la llevaron a tribunales, pero después de la decisión del juez McCormick todo empezó a hacerse más claro.

LA INTEGRACIÓN EN LAS ESCUELAS "BLANCAS"

Finalmente la familia Munemitsu pudo regresar a Westminster en 1946, después de finalizada la Segunda Guerra Mundial. Los Méndez y los Munemitsu trabajaron juntos en la granja antes de que los Méndez compraran otro pequeño restaurante y finalmente regresaran a su antigua casa en Santa Ana.

Sylvia y sus hermanos, junto con todos los niños de primero a cuarto grado de la Escuela Hoover, fueron enviados a la Escuela de la Calle 17 durante el año escolar 1946-1947. A pesar de sus temores iniciales sobre la nueva escuela, Sylvia pronto vio que era un lugar agradable y acogedor. Tanto los estudiantes como los maestros eran amigables. "Allí nos trataron muy bien. Pero no fue sino hasta que fuimos a Santa Ana, cuando el caso estaba siendo apelado en el Noveno Circuito de California, y entré a aquella escuela de blancos en Santa Ana…", explicó en el artículo del blog de Erin Lashway *826LA*, cuando sintió algo de hostilidad. Debido a que el caso todavía estaba en curso, Santa Ana aún no se había desegregado, pero, para evitar controversias y problemas más adelante, esta escuela blanca les permitió inscribirse sin que se hiciera mucho ruido.

Algún tiempo después de comenzar a asistir a la escuela en Santa Ana, Sylvia recibió intimidaciones y burlas. De hecho, el primer día de clases no lo olvidará nunca. Contó a Lesli Maxwell cómo un niño se le acercó y le dijo: "¡Tú eres mexicana! ¿Qué hacen ustedes aquí, si son mexicanos? ¿No sabes que los mexicanos no pertenecen a esta escuela? ¡No deberías estar en esta escuela!". Estas palabras fueron tan hirientes que Sylvia rompió a llorar. Cuando regresó a casa, le dijo a su madre que no quería ir más a esa escuela. Su madre le respondió: "Sylvia, ¿no te has dado cuenta de por qué hemos estado peleando todo este tiempo?... Nosotros queríamos que vieras que estabas al mismo nivel que ese niño. Queríamos que no te sintieras humillada, que no te sintieras inferior... y que eres tan buena como él".

La madre de Sylvia agregó que no debería dejar que cosas como estas la intimidasen. Ella y sus hermanos se tomaron muy en serio el consejo. Incluso con todos los prejuicios a los que se enfrentaron, Sylvia ignoró las cosas racistas que hacían algunos de sus compañeros de clase. "Yo les decía a los estudiantes que nadie ha nacido con intolerancia". No pasó mucho tiempo antes de que uno de sus hermanos fuera electo presidente de la clase.

CAPÍTULO CUATRO

UNA ACTIVISTA INCANSABLE

El mayor deseo de Felicitas Méndez fue siempre que sus hijos tuvieran una vida mejor. En una entrevista con Ed Morales, para CNN, Sylvia Méndez recordaba: "Cuando me gradué de la escuela secundaria, yo quería ser telefonista y mi madre me decía: 'No luchamos tan duro para que te conviertas en operadora telefónica. Tienes que ir a la universidad'". Ser telefonista hubiera sido preferible a trabajar en el campo o limpiar casas, que eran los trabajos para los que la Escuela Hoover se especializaba en preparar a los niños, pero su madre quería que apuntara más alto.

Méndez escuchó el consejo de su madre y comenzó en el Instituto Universitario Orange Coast, donde obtuvo un título de asociada en Enfermería. Luego, apuntó la mira aún más alto y pasó a la Universidad Estatal de California en Los Ángeles. Allí obtuvo una licenciatura en Ciencias en Enfermería, así como un certificado en Salud Pública. Desde 1957 hasta 1990, Méndez trabajó varias veces largas horas como enfermera en el Centro Médico de la Universidad de Los Ángeles del Sur de California. Posteriormente, fue ascendida como enfermera principal y luego a supervisora. Durante sus últimos cinco años en el hospital, trabajó como subdirectora de enfermería en el pabellón de pediatría. Se jubiló en 1990, en parte, para ayudar a su anciana madre, que había enfermado en sus últimos años.

El Servicio Postal de Estados Unidos emitió este sello conmemorativo del 60 aniversario del caso *Méndez contra Westminster,* en septiembre de 2007, con una obra del artista mexicano Rafael López.

RINDIENDO HONOR AL LEGADO HISTÓRICO DE UNA FAMILIA

Aquella decisión judicial que había desempeñado una función tan importante en la historia de su familia parecía haber desaparecido en el pasado. Su padre falleció a la temprana edad de cincuenta y un años, sin ver el verdadero efecto del caso sobre la sociedad estadounidense. De hecho, ha sido omitido en la mayoría de los libros de texto escolares y las películas y programas de televisión sobre la historia de los derechos civiles de Estados Unidos.

En el tiempo que Sylvia pasó cuidando a Felicitas Méndez, madre e hija hablaban y recordaban. Méndez le contó a Damarys Pérez:

"No fue sino hasta cuando mi madre estaba por morir que me dijo: 'Nadie sabe sobre esta historia. Es parte de la historia de Estados Unidos. Todo el mundo sabe sobre el caso *Brown contra la Junta Educativa*, pero nadie se ha dignado siquiera a darle las gracias a tu padre por lo que hizo. Siempre pensé que deberían ponerle su nombre a una calle, o algo así, por todo lo que logró'".

Sylvia le prometió a su mamá que todo el mundo se enteraría de la historia.

Al fallecer su madre en 1998 por insuficiencia cardíaca, en la casa de Méndez en Fullerton, California, comenzaría para Sylvia una nueva vida. Después de jubilarse se convirtió en defensora incansable de la igualdad racial y de la autonomía de los latinos. Uno de los objetivos principales de Sylvia era conmemorar e informar sobre el legado de sus padres y de los demás participantes del famoso caso. Recordó las palabras de su madre en el blog *826LA*: "No lo hicimos solo para ti, sino para todos los niños". Esas mismas palabras sirvieron para dar nombre a un documental realizado en 2003 sobre el caso: "*Méndez contra Westminster: Para todos los niños*", dirigido y producido por Sandra Robbie.

¡CORRE LA VOZ!

Méndez no se consideraba una oradora pública natural y se sentía incómoda y nerviosa frente a las multitudes. Al principio, sentía que se le hacía difícil explicar la historia de sus padres de manera eficaz. Un día, un estudiante le preguntó sobre "el sueño americano" cuando ella lo mencionó, pero no pudo responderle de manera satisfactoria. Fue una de las pocas veces que sintió que su mente estaba en blanco frente a un público. Pero su carisma natural y su entusiasmo pronto le permitieron sentirse más segura en lo que ahora era el trabajo de su vida. Poco después, comenzó a visitar escuelas, iglesias, centros comunitarios y otros espacios públicos para recordar e informar a otros sobre el aporte de sus padres.

De todos los eventos públicos, Méndez ha dicho que da un mayor valor a los eventos con jóvenes. Ya sea hablando ante una audiencia de estudiantes de secundaria o universitarios, cuando

CUANTO MÁS PARECEN CAMBIAR LAS COSAS. . .

Una cosa que al principio desalentaba a Méndez cuando hacía apariciones públicas era que los estudiantes de muchas escuelas que visitaba eran 100 % latinos, ¡en pleno siglo XXI! ¿Acaso había sido en vano el esfuerzo de sus padres y de todas las familias que lucharon contra la segregación junto a ellos? Como ella misma relató para C-Span: "Imagine mi sorpresa cuando comencé a dar discursos y descubrí que estábamos más segregados que en 1947. Ahora tenemos una segregación de facto", refiriéndose a una forma de segregación que ocurre sin ser oficialmente ejecutada por la ley.

Fue solo algún tiempo después, al hablar con estudiantes de escuelas como estas, que Méndez aceptó este hecho y encontró

(continúa en la siguiente página)

(viene de la página anterior)

una nueva inspiración en el optimismo de los estudiantes y sus esfuerzos para luchar por una vida mejor. Muchos de los estudiantes con quienes se encuentra aspiran a ser médicos, abogados, activistas y políticos, o a seguir otras carreras profesionales. Una de las escuelas que ha visitado es la que lleva el nombre de sus padres: Escuela Superior Felicitas y Gonzalo Méndez, en Boyle Heights, un barrio predominantemente latino de Los Ángeles, inaugurada en 2009. En 2016, para celebrar sus ochenta años, fue la invitada de honor de la ceremonia de graduación de la escuela. La Escuela Superior Méndez poseía muchas cualidades que ella respeta mucho en una escuela, incluyendo excelentes profesores y clases y técnicas de enseñanza innovadoras.

Muchos de los jóvenes, además de ser estudiantes sobresalientes, también se sienten muy orgullosos de su historia y su herencia, señaló Méndez, están bien informados sobre el legado y la lucha de los latinos en los Estados Unidos y sus aportes, algo que, según ella misma admite, no era frecuente cuando era joven. También hablan inglés y español con fluidez, mientras que su propio español es más rudimentario que su inglés.

Estos estudiantes de sexto grado se ríen en clase en la Escuela Intermedia Fundamental Gonzalo y Felicitas Méndez, en Santa Ana, uno de varios institutos de aprendizaje del sur de California nombrados en honor a los pioneros de los derechos civiles.

estos responden bien y con entusiasmo a su mensaje, esto le da esperanzas y la motiva a seguir.

EL SUEÑO SIGUE VIVO

Presentarse en público no ha sido la única forma en la que Sylvia Méndez ha continuado creando conciencia sobre los esfuerzos de sus padres y luchando por la igualdad de los latinos. Según *826LA*, por ejemplo, los estudiantes de la Escuela Superior Felicitas y Gonzalo Méndez ayudaron a escribir un guion para *826LA,* para producir una antología de piezas escritas por ellos mismos, tituladas "Cuando hablamos de justicia, hablamos de vida". Méndez comentó a Erin Lashway para el blog *826LA*: "Yo veo como un gran regalo que nuestros jóvenes puedan convertirse en autores de un libro que les permita hablar sobre las cosas que más les preocupan, sus familias y lo que quieren lograr en la vida".

Sus esfuerzos, y los de sus padres, han recibido más atención en las últimas dos décadas de lo que recibieron durante gran parte del siglo XX. Como parte de su misión, Sylvia se ha encontrado con dos presidentes de Estados Unidos. Primero fue con el presidente George W. Bush, cuya administración la invitó a la Casa Blanca como parte del Mes de la Herencia Hispana en el año 2004.

Los miembros de la familia Méndez frente a la Casa Blanca, después del evento del Mes de la Herencia Hispana (*de izquierda a derecha*): Gonzalo Méndez Jr., Sandra Durán, Sylvia Méndez y Jerome Méndez.

Pero aún más emocionante para Méndez fue recibir la Medalla Presidencial de la Libertad de manos del presidente Barack Obama, en 2011. Durante el evento, el presidente dijo: "Sylvia se ha propuesto difundir un mensaje de tolerancia e igualdad para los niños de todos los orígenes y todos los ámbitos de la sociedad". Ella consideró apropiado decir que el ascenso de Obama tal vez no habría sido posible sin los esfuerzos de activistas como sus padres y aquellos que lucharon por la desegregación en *Brown contra la Junta Educativa*.

Méndez explicó su dedicatoria a Lashway en el artículo de *826LA*:

"Cuando era niña, veía lo duro que mis padres trabajaban para nosotros, y luego ver cómo nos rechazaban en una escuela y cómo nos negaban la educación que otros sí podían disfrutar, solo porque teníamos un color de piel distinto, era algo en verdad terrible. Ser testigo de la lucha que libraron mis padres y del empeño que pusieron fue una gran inspiración. Me dio esperanzas y me hizo sentir mucho orgullo. Sabía que algún día yo tendría que continuar esa misión".

Para Méndez, fue el amor por sus padres y su dedicación a esta causa lo que la mantuvo en pie. Incluso, cuando comenzó su carrera como activista y oradora, hace dos décadas, hubo muchos detractores que no creían que sus padres hubieran desempeñado una función tan importante como ella contaba. Eso hería a Sylvia, pero su madre la ayudó a resistir y a mantenerse en pie.

Aún hoy, a sus ochenta años, Méndez continúa dedicándose a difundir la importancia de la educación, especialmente para aquellos considerados diferentes, los latinos y otras minorías. Es un mensaje que espera sea tomado en cuenta no solo por extraños sino por su propia familia, Mendez tiene dos hijas adoptivas y cuatro nietos.

CRONOLOGÍA

1 de enero de 1936 Sylvia Méndez nace en Santa Ana, California.

1943 La familia Méndez arrienda la granja Munemitsu en Westminster.

1944 Se niega la inscripción a los niños Méndez en la Escuela de la Calle 17.

18 de febrero de 1946 El juez McCormick decide que la segregación en las escuelas del condado de Orange es inconstitucional.

1946 Las escuelas apelan la decisión.
La familia Munemitsu regresa a Westminster.

1947 El tribunal de apelaciones emite su decisión final en el caso *Méndez contra Westminster*, confirmando el fallo anterior. Sylvia y sus hermanos se inscriben en la Escuela Integrada de la Calle 17. Luego se matriculan en la Escuela de Santa Ana, que anteriormente era solo para blancos.

1964 Gonzalo Méndez fallece a los cincuenta y un años.

1990 Sylvia Méndez se retira después de treinta y tres años de carrera como enfermera, en parte para cuidar a su madre enferma.

1998 Felicitas Gómez fallece en la casa de Sylvia Méndez en Fullerton, California.

2000 Se inaugura la Escuela Fundamental Intermedia Gonzalo y Felicitas Méndez, en Santa Ana, California.

2003 El documental *Méndez contra Westminster: Para todos los niños* se estrena en la televisión pública de California.

2004 Como parte del Mes de la Herencia Hispana (del 15 de septiembre al 15 de octubre), el presidente George W. Bush invita a Sylvia Méndez a la Casa Blanca como una de sus invitadas de honor.

2007 El Servicio Postal de Estados Unidos (USPS) rinde homenaje al sexagésimo aniversario del caso *Méndez* con un sello postal conmemorativo.

2009 Se inaugura la Escuela Superior Felicitas y Gonzalo Méndez en Boyle Heights, Los Ángeles.

2011 Méndez hace su segunda visita a la Casa Blanca, esta vez para recibir, de manos del presidente Barack Obama, la Medalla Presidencial de la Libertad de 2010 por su labor como activista.

2016 El Concejo Municipal de Los Ángeles declara a Méndez Homenajeada del Mes de la Herencia Latina por su defensa de la educación y su activismo.

GLOSARIO

antología: colección de historias, artículos u otro trabajo escrito, generalmente por un grupo de escritores diferentes.

apelación: en un caso judicial, proceso por el cual una parte puede solicitar a un tribunal superior que modifique una decisión o resolución judicial.

arrendar: alquilar o usar una propiedad o negocio sin comprarlo.

colonia: parte segregada de una ciudad u otra área donde residen mayoritariamente latinos o personas no blancas.

comunista: alguien que cree en un sistema de gobierno en el que las personas, especialmente los trabajadores y los agricultores, deben poseer todo en común. Muchos activistas en el siglo XX, comunistas o no, fueron llamados *comunistas* para justificar su persecución.

contagioso/a: se refiere a enfermedades que pueden transmitirse de una persona a otra.

de facto: se refiere a la segregación que ocurre sin que la ley lo obligue oficialmente.

demanda colectiva: caso legal en el que un número grande de demandantes son representados por un solo demandante o un grupo de ellos. Los miembros de una demanda colectiva se benefician de cualquier decisión que beneficie a los ganadores de la demanda.

demandante: persona que, en una demanda o caso judicial, presenta el caso contra otra parte.

detractor: persona que expresa puntos de vista negativos o cree que algo es ridículo o imposible.

indocumentado: persona que reside en un lugar sin permiso oficial para estar allí legalmente.

naturalizado: persona que nació en otro lugar pero se ha convertido en un ciudadano oficial del país que lo recibió.

prácticas de higiene: hábitos, como bañarse o cepillarse los dientes, que mantienen a alguien limpio, presentable y saludable.

reclusión: acto de ser detenido como prisionero, especialmente por razones políticas.

repercusiones: resultados de hacer algo, generalmente negativo.

resiliencia: resistencia o capacidad de manejar o resistir dificultades, o de recuperarse rápidamente de ellas.

tolerancia: capacidad o disposición para aceptar algo diferente, ya sean ideas diferentes o la presencia de personas de diferentes orígenes, religiones o etnias.

trabajo manual: trabajo que se realiza con las manos.

Canadian Hispanic Bar Association (CHBA)

c/o Singer Kwinter
1033 Bay Street, Suite 302
Toronto, ON M5S 3A5 Canada
Sitio Web: http://www.c-hba.net
Facebook: @CHBAlaw
Twitter: @CHBA_Law
El Colegio de Abogados Hispanos de Canadá es una organización sin fines de lucro en la que abogados y estudiantes de derecho de origen latinoamericano o hispano pueden crear fuertes vínculos comunitarios.

Latino Canadian Cultural Association (LCCA)

61 Elm Grove Avenue, Suite 206
Toronto, ON M6K 2J2
Canada
Email: info@lcca-toronto.com
Sitio Web: http://www.lcca -toronto.com
La LCCA es una asociación sin fines de lucro dedicada a crear y mantener una red de apoyo a artistas latinoamericanos en la comunidad canadiense a través de muestras de arte audiovisuales y eventos culturales multidisciplinarios.

Liga de Ciudadanos Latinoamericanos Unidos (LULAC)

1133 19th Street NW, Suite 1000
Washington, DC 20036
(202) 833-6130
Sitio Web: https://lulac.org
Facebook: @ lulac.national.dc
Twitter: @LULAC
La LULAC, fundada en 1929, es la organización de defensa de derechos civiles de los hispanos más antigua y respetada. La LULAC lucha por lograr mejoras en las condiciones económicas e igualdad de oportunidades para la población de origen o raíces latinoamericanas en Estados Unidos.

Mexican American Legal Defense and Educational Fund (MALDEF)

634 South Spring Street, #1100
Los Angeles, CA 90014
(213) 629-2512
Sitio Web: http://www.maldef.org
Facebook y Twitter: @MALDEF

El Fondo Mexicano-Estadounidense de Defensa Legal y Educación (MALDEF) fue fundado en 1968 para proteger los derechos de los latinos en Estados Unidos.

Mi Familia Vota

1710 E Indian School Road, Suite 100
Phoenix, AZ 85016
(602) 263-2030
Sitio Web: http://www.instituteofmexicodc.org
Facebook y Twitter: @MiFamiliaVota
Instagram: @mifamiliavota
YouTube: Mi Familia Vota
Esta organización nacional trabaja para estimular la participación del votante durante las elecciones gubernamentales en todos los niveles.

National Association for Chicana and Chicano Studies (NACCS)

PO Box 720052
San Jose, CA 95172
Sitio Web: https://www.naccs.org/naccs/default.asp
Facebook y Twitter: @NACCSorg

Desde 1972, la Asociación Nacional de Estudios para Chicanas y Chicanos ha dado apoyo a programas académicos, departamentos y centros de investigación que centran sus esfuerzos y atención en temas de importancia para los mexicano-estadounidenses, chicanos y latinos.

UnidosUS

1126 16th Street NW, Suite 600
Washington, DC 20036
(202) 785-1670
Sitio Web: https://www.unidosus.org
Facebook: @weareunidosus
Twitter: @WeAreUnidosUS
Fundada en 1968 como Consejo Nacional de la Raza (NCLR) se definen como: "Juntos haremos de Estados Unidos un país más fuerte al crear oportunidades para los latinos. Nuestra visión es que los avances económicos, políticos y sociales del país sean una realidad para todos los latinos, donde los hispanos prosperen y donde los aportes de nuestra comunidad sean reconocidos".

MÁS LECTURAS

Arkham, Thomas. *Latino American Civil Rights*. Broomall, PA; Mason Crest, 2013.

Barghoorn, Linda. *Dolores Huerta: Advocate for Women and Workers*. New York, NY: Crabtree Publishing, 2017.

Barrington, Richard. *Sonia Sotomayor: The Supreme Court's First Hispanic Justice*. New York, NY: Britannica Educational Publishing, 2015.

Coy, Cissie, and Gabriela Baeza Ventura. *Dennis Chávez: The First Hispanic US Senator*. Houston, TX: Piñata Books/Arte Público Press, 2017.

Cruz, Bárbara. *The Fight for Latino Civil Rights*. New York, NY: Enslow Publishing, 2013.

Hansen, Grace. *César Chávez: Latino American Civil Rights Activist*. Minneapolis, MN: ABDO Kids, 2016.

Honders, Christine. *Mexican American Civil Rights Movement*. New York, NY: PowerKids Press, 2017.

Kingston, Anna. *Respecting the Contributions of Latino Americans*. New York, NY: PowerKids Press, 2013.

Koya, Lena, and Alexandra Hanson-Harding. *Female Activists*. New York, NY: Rosen Publishing, 2017.

Palmer, Bill. *Trailblazing Latino Americans*. Philadelphia, PA: Mason Crest Publishers, 2013.

BIBLIOGRAFÍA

Aguirre, Frederick P. "California Ruling Helped Pave the Way for *Brown v. Board of Education." Daily Journal*, November 28, 2017. https://www.dailyjournal.com/articles/344983-california -ruling-helped-pave-the-way-for-brown-v-board-of-education.

Arellano, Gustavo. "OC's Famous Desegregation Case Finally Gets Its Historical Due, But One Family Feels Left Out." *OC Weekly*, November 5, 2009. http://www.ocweekly.com/news /ocs-famous-desegregation-case-finally-gets-its-historical -due-but-one-family-feels-left-out-6431272.

Blackstock, Joe. "Pivotal San Bernardino Case Fought Discrimination Against Latinos." *Daily Bulletin*, June 29, 2015. https://www.dailybulletin.com/2015/06/29/pivotal-san -bernardino-case-fought-discrimination-against-latinos.

C-Span.org. "Sylvia Méndez on Méndez v. Westminster School District." October 21, 2016. https://www.c-span.org/video /?417233-1/sylvia-mendez-discusses-mendez-v-westminster.

Hanigan, Ian. "The Deeper Learning Podcast: Aki's Story: On Relocation and Resilience." OCDE Newsroom, May 8, 2017. http://newsroom.ocde.us /the-deeper-learning-podcast-akis-story.

Hernández, Greg. "Daughter: Méndez Died Content That Accomplishments Will Live." *Los Angeles Times*, April 16, 1998. http://articles.latimes.com/1998/apr/16/local/me-39922.

Kandil, Caitlin Yoshiko. "How O.C. Parents Laid the Groundwork for School Desgregation in the U.S." *Los Angeles Times*, April 20, 2016. http://www.latimes.com/local/education/la-me -mendez-segregation-20160420-story.html.

Lashway, Erin. "#826LACelebratesHistory: Yareli Rojas' 'Legacy.'" *826LA* blog, February 3, 2016. http://826la .org/826lacelebrateshistory-yareli-rojas-legacy.

Lashway, Erin. "We Are Alive When We Speak for Justice." 826LA. org, February 1, 2016. http://826la.org/we-are-alive -when-we-speak-for-justice-a-foreword-by-sylvia-mendez.

Leal, Fermín. "Desegregation Landmark has O.C. Ties." *Orange County Register*, March 21, 2007. https://www.ocregister .com/2007/03/21/desegregation-landmark-has-oc-ties.

Leal, Fermin. "O.C. Civil Rights Icon Méndez Awarded Medal of Freedom." *Orange County Register*, February 15, 2011. https:// www.ocregister.com/2011/02/15 /oc-civil-rights-icon-mendez-awarded-medal-of-freedom.

Maxwell, Lesli A. "Sylvia Méndez and California's School Desegregation Story." *Education Week*, May 16, 2014. http:// blogs.edweek.org/edweek/learning-the-language/2014/05 /sylvia_mendez_and_californias_.html.

Morales, Ed. "The School Desegregation Case You Didn't Know." CNN, February 3, 2012. http://inamerica.blogs .cnn.com/2012/02/03/an-important-latino-civil-rights -victory-born-from-a-mexican-puerto-rican-alliance.

Norwood, Robyn. "70 Years Later, O.C. School Desegregation Case Echoes on Campus." Chapman University blogs, September 26, 2017. https://blogs.chapman.edu /news-and-stories/2017/09/26/70-years-school -desegregation-mendez-westminster

NPR. "When Family History Overlaps With U.S. History." *Morning Edition*, produced by Nadia Reiman. March 26, 2010. https:// www.npr.org/templates/story/story.php?storyId=12517140.

Pérez, Damarys Ocana. "Medal of Freedom Recipient Sylvia Méndez Is Ready for Her Closeup." *Latina*, February 8, 2011. http://www.latina.com/lifestyle/-news /medal-freedom-recipient-sylvia-mendez-ready-her-closeup.

Strum, Philippa. *Méndez v. Westminster: School Desegregation and Mexican-American Rights* (Landmark Law Cases and American Society). Lawrence, KS: University Press of Kansas, 2010.

ÍNDICE

ACERCA DEL AUTOR

Philip Wolny es un escritor y editor residente en Queens, Nueva York. Su trabajo para lectores adultos jóvenes incluye relatos y testimonios sobre activismo, movimientos sociales, historia y arte, entre los que figuran: *The Underground Railroad, A Primary Source History of the Journey to Freedom* (*El Ferrocarril Subterráneo, una historia esencial del camino hacia la libertad*), *African American Entrepreneurs: Stories of Success* (*Historias de éxito de empresarios afroamericanos*) y *Muslims Around the World Today* (*Los musulmanes en el mundo de hoy*).

CRÉDITOS FOTOGRÁFICOS

Cover Brooks Kraft/Corbis Historical/Getty Images; pp. 4–5 (background) Kyrssia Campos/Getty Images; p. 5 Alex Wong/Getty Images; pp. 7, 15, 23, 30 (background) Molodec/Shutterstock.com; p. 8 Science & Society Picture Library/Getty Images; pp. 10, 27 PhotoQuest/Archive Photos/Getty Images; p. 13 Photo 12/Universal Images Group/Getty Images; p. 16 Allan Grant/The LIFE Picture Collection/Getty Images; p. 17 Interim Archives/Archive Photos/Getty Images; p. 19 Allen J. Schaben/Los Angeles Times/Getty Images; p. 21 Frazer Harrison/Getty Images; p. 24 Panoramic Images/Getty Images; p. 25 jodiecoston/E+/Getty Images; p. 26 Maren Winter/EyeEm/Getty Images; p. 31 Nature and Science/Alamy Stock Photo; p. 34 Rick Loomis/Los Angeles Times/Getty Images; p. 35 MCT/Tribune News Services/Getty Images.

Diseño: Michael Moy; Puesta en papel: Raúl Rodríguez; Editora, español: María Cristina Brusca; Editora, inglés e investigadora fotográfica: Heather Moore Niver